마지막 출근

정다혜 시집

문학의전당 시인선
188

마지막 출근

정다혜 시집

문학의전당

시인의 말

오늘도 강가로 간다.
맑아진 가을 강의 햇볕과 바람
내 생의 숨결인 저 작은 물결들
다 토해내지 못한 내 속의 언어들이
친근히 와 닿는 시간
새로 뜨는 별을 헤면서
이순의 옷깃을 여민다.

2014년 11월
정다혜

차례

제2부

제3부

제4부

제1부

봄 편지

꽃, 꽃들 동시다발로 피어
봄은 한껏 제 이름값 하는데
꽃피면 만나자던 그대 약속 잊히듯
서운함도 무뎌져 간다
마음에서 사람 지우는 일이
슬픔이라고 하지만
지워도 지워지지 않는 쪽빛바다
때론 죽도록 아픈 때가 있으니
한 생(生)의 눈물
숨기고 살아야 하는
고백도 꽃으로 터질 것 같다
다 하지 못했던 말들 더듬거리며
비 내리는 대문 앞에 기다리고 있으니
그대, 이 비 그치거든 바람같이
슬쩍 다녀가시압!

고백

이른 추위로 수도관이 파열된
등촌동 사거리, 온통 물난리다
관 속의 남은 물 그 찌꺼기까지
다 뽑어내야 용접할 수 있어
몇 시간째 물을 비워낸다
녹슨 기억의 밑바닥에 닿을 때까지
제 몸 뿜어내는 저 세찬 물줄기
천 년을 숨겨왔던 고백처럼
물꼬 터져버린 슬픔이
해저 이만 리에서 수면 위로 솟구치는
검은 고래 떼와 같아
내 가슴에 숨겨놓은 비밀이 무섭다
한나절 수돗물이 끊겼다고
이우성대는 사람들은 모를 것이니
내 전부를 꺼내어
당신의 품속으로 스며들고픈
마지막 사랑 노래처럼
이 고백 멈출 수 없는 지금

행여 저 물길 막지 마라
차갑게 얼어버린 물의 몸이
아픈 저녁, 참 아픈 이 저녁에.

안부

사랑니 두 개 한꺼번에 뽑았습니다
필요 없는 사랑 여태 갖고 있었냐는 의사의 말에
오래 숨겨놓은 비밀 들킨 것 같아 움찔했지요
사랑이 빠져나간 그 자리에 말이 헛돌고
비릿한 슬픔이 이빨에 씹힙니다
사람이 빠져나간 자리는 이런 거구나
비명 한번 지르지 못한 채 아픔 삭여야 하는,
내 안에 당신이라는 큰 나무를
뿌리째 뽑아내던 그런 일 같았지요
이제 치통을 핑계 삼아 엉엉 울고 싶은 날은
없을 것입니다만, 사랑이 빠져버린 자리에
새살 돋는 소리에 귀 기울일 것입니다
피가 흐를지 모른다는 의사의 말에
거즈를 물고 앙다문 입속에서
미처 빠져나오지 못한 마지막 안부를 전합니다
—그대, 눈물 없이 안녕하시길

내비게이션에게 묻지 마라

최첨단 저 내비게이션도
찾지 못하는 길이 있다
이를테면 너와 나 사이 흐르던
강길 같은 것, 수만 볼트의 전류가 끊어지듯
사랑이 끝난 뒤의 깜깜한 밤길 같은 것,
내 오랜 기다림의 주소를 입력하여도
내비게이션은 길이 없다고 한다
지름길은 더더욱 모른다고 한다
한때 눈감고도 찾아가던 빛나던 이정표는
발자국이 지워지듯 사라지고
네 문고리에 뜨겁게 남은 내 지문은
이미 늙어 식어버렸을 것이다
하지만 그 길 내 마음에
불도장처럼 뚜렷하게 남았으니
마음이 밝히는 길은 지워지지 않는다
내비게이션에게 그 길 묻지 마라
당신 추억의 길 안내자는
오직 당신뿐이니

진공청소기

슬픔을 보면 식욕이 솟구쳐요
왕성한 식욕으로 당신을 송두리째
단숨에 먹어치워 버리고 싶어요
장롱 깊숙한 곳에 뿌려진 눈물
책상 뒤편에 숨겨진 아픔
장판 밑에 꼭꼭 숨겨놓은 그리움
베란다 구석에 서식하는 벌레까지
내가 먹어드릴게요
그건 내게도 견딜 수 없는 고통이어서
슬픔을 빨아들인 내 속에
검은 담석이 별처럼 박혀 있어요
나의 만성위염은 사랑하기 때문
만성위염이 불치의 병을 만든다 해도
당신을 향한 내 사랑은
쉬지 않고 당신의 전부를 먹어치우는 일
사랑의 코드가
220볼트에 연결되어 있는 이상
쉬지도 않고 멈추지도 않는 이 식탐

이 넘치는 사랑의 두툼한 입술에

입 맞춰 주세요

길

밤새 뜨겁게 껴안고 사랑 나누다
내게 절실했던 그 피 저장한다는 것이
잘못 클릭하는 순간, 그 순간
우리의 사랑은 끝났다
바동대며 길을 찾아보지만
어디에도 지상의 이정표는 보이지 않는다
나의 사랑 나의 열정 다 쏟아 부은
19인치 모니터 속의 집
흔적도 남기지 않고 사라졌다
차돌같이 피 식어 떠나간
네 등이 저러하였다, 그때도
너 돌아간 길을 찾으려, 찾아 돌아오려고
내 젊은 한철 다 탕진해 버렸으니
끝난 사랑에 대해
더 이상 이승에 남은 길을 찾지 마라
사랑이란 끝나는 그 길 위에서
제 모든 것 흔적 없이 거둬들여
침묵하며 사라지는 일이니

군자란 피어

아파트 베란다 화분에
군자란 한 송이 피었습니다
작년에 피지 않은 꽃이
숨바꼭질하듯 꽃 속에 숨어
봄날 아침 활짝 피었습니다
오랫동안 인연 끊어진 그대의
느닷없는 안부 같아
처음에는 데면데면했지만
그래도 잊지는 않았구나 싶어
반가움 감출 수 없었습니다
끝내 보여주지 않고 떠난 그대 마음이
저 꽃이었을 것 같아
종일 가슴 두근거렸습니다
망설이다 쓰지 못한 오랜 편지
이제는 다 쓸 것 같습니다
그대가 주고 간 화분에 군자란 피었다고
그대가 그때 하지 못한 말이
군자란처럼 피었다고

깊이를 뽑아내다

며칠 집 비운 사이
보랏빛 하늘거리던 사랑쌔
아프게 말라 죽어 있다
잠시 좋다 하면 꽃피우는 것도 사랑이고
잠시 외면하면 지는 것도 사랑이다
한 생애의 마침표를 찍고
돌아온 곳으로 떠나보내는 쓸쓸함
마음의 그늘 지우듯이
꽃을 뿌리째 탈탈 털어 뽑아낸다
뽑혀 나가는 것은
제 몫의 아픔만 기억할 뿐
더불어 정 주고 마음 주고 살던
사람의 사랑을 알까, 사랑은
빈 허공으로 남을
자신이 남긴 공허한 깊이를 추억할까
그 깊이 때문에 오래 아플 사람을 생각할까
먼 행성들의 하늘에서 천둥이 울고
나는 밤새 죄인처럼 잠들지 못했다

내 안으로 부드럽게 스며들던 사람
함께 뿌리째 꽃째 뽑아내면서

울컥, 참 그리운

심장 꺼내
불에 벌겋게 달군 쇠로
너의 이름 불도장으로 새기고 싶을 때가 있다

사막을 걷는 맨발에서 흐르는 피가
너에게로 가는 지도를 만들고

뜨거운 육신 어찌할 수 없어
차라리 그 심장을 꺼내 사막에 묻고 싶을 때가 있다

바람이 잠깐, 아주 잠깐 왔다 갔을 뿐인데
그 바람에 나를 태우는
나는 천형(天刑)의 수인(囚人)

울컥, 참 그리운

봄의 밀어

다시는 정답지 않을 것 같은 남자
느닷없이 뜨거운 소식 보내왔다
겨울 내내 묵언의 찬 하늘 배경으로
얼음 빗장 걸고 있던 그 남자
오늘은 오랜 침묵 태우는 단내에
꽃피는 소리 부산하다, 만화방창(萬化方暢)
꽃 속에서 낯익은 노래들은
16분 음표 32분 음표로 빠르게 돋아나
바람, 꽃바람에 경쾌하게 흩어진다
오래 입 다문 슬픔이 빠져나간 자리로
꽃잎들 문 연 지 오래되지 않았지만
하, 살구꽃이 자지러지면서
하, 복사꽃이 자지러지면서
제 단내 맡으며 찾아오는 봄 따라
그 남자의 소식 개봉하는 순간
순식간에 날아오르는 나비! 나비!

툭, 떨어지는

일찍 단풍 든 한 장 나뭇잎
툭, 떨어진다 외로운 낙하가
내 안에 갇힌 사람보다 더 아프다
잎잎이 다 물들려면
열 사나흘 좋게 남았을 텐데
어쩌자고 먼저 바람을 탐했나
제 울음 참지 못해
먼저 물들어 뿌리로 돌아간다
내 안을 물들이는 그대
내가 손 놓지 않는 한
추억의 가지 끝에
오래오래 매달려 있을 것이다
툭, 떨어지는 저 붉은 잎은
제 몫의 아픔만 기억할 뿐
나무의 아픔은 모를 것이다
놓은 손이나 잡으려는 손이나
다 아픈 손이다
내 안에 사는 사람

두툼한 분량의 생을 매달고 있다
툭, 떨어질지도 모른 채

네가 돌아오기 전에
— 폭설

네가 돌아오기 전에
예감해야 했다
마침내 울음자루 툭 터져
한 생 분량의 눈물 다 쏟아지고
그 끝으로 핏물 배인 눈이 온다
이제 감출 수 없다
털어놓을 수밖에 없다
불쑥 심장에서 꺼내 보이는 고백에
나는 속수무책일 뿐인데
비바체의 속도로 무섭게 쏟아 붓는 눈이여
너도 아직 못다 한 고백 남았느냐
사무치게 그리운 것들은
어찌하여 온몸으로 무너져야 하는지
눈 속에 산 그림자가 묻혀 울고 있다
눈 속에 푸른 강물 소리가 묻혀 울고 있다
눈 속에 묻힌 내 무심한 세월 위로
폭설이 퍼붓는다

혼자 부는 바람

속의 말 한번 꺼내 보이지 못하고
마지막 인사 없이 헤어진 사람
뜬금없이 생각나는 날
살구꽃 본다
이때쯤이면 져야 하는데, 꽃도
나무도 생각 놓고 살 때가 있는지
살구꽃 아직 붉다
하늘 아래 영원한 것 없다지만
더러는 아물지 않는 상처 있다
그대 어떤 문을 두드려
내 마음 열고 빠져 나갔는지
더는 수신할 수 없는 풍경 때문에
아득하여 만질 수 없는 저 거리
짐짓 모른 척하지만, 나무는
깊이 뿌리 내리고, 꽃은
쉽게 흔들리지 않는다, 다만
멀어졌다 혹은 가까워졌다
바람이 저 혼자 왔다 갈 뿐

기도

국지성 호우처럼
병마가 다녀간 그 사람
아직 비에 젖어 있다
우울한 불청객이 다녀간 후
그는 균형을 잃고 헝클어져버렸다
실마리를 찾으려고
자꾸 딴전을 피우는 몸
균열이 간 정신의 틈새 사이로
익숙한 일상의 꽃은 피지만
그는 웃는 법을 잊어버렸다

그대여 울지 마시라
삶이란 상처에서 피는 꽃이어서
흉터 위로 남는 노래가
진짜 시(詩)려니
추억의 시간 시간마다
푸른 기도문을 적는다
그가 잠시 꾸는 나쁜 꿈이여

꿈밖의 길을 걸어
그대 또박또박 돌아오기를

꼬리별에 관한 기억

속도를 잃은 시간이 허둥댄다
나는 그 시간에 사지가 묶인 채
어둠의 보자기를 뒤집어쓰고 있다
간간이 죽었다 살아오는 이들 붙잡고
두고 온 네 소식 물었지만
아는 이 아무도 없었다
아아, 나는 이미 눈멀고 귀 닫혔다
누구이든 물고 싶어
개처럼 짖었다
상처에서는 피 대신
신음소리가 새어나왔다
벽을 두드렸다
결코 시간은 열리지 않는 문이었다
꽃 지듯 너 떠났다는 비밀
악몽으로 찾아와 내 꿈을 만들었다
너는 어디에 있니?
캄캄한 밤하늘 저편으로
꼬리별 하나 지는 것이

너의 답인 걸
그때는 알지 못했다

연탄 꽃

뜨거운 꽃
하루살이 꽃
그 꽃 피워놓고
마침표를 찍었다는 젊은 남녀
재가 된 마지막 사랑이
활활 핀 연탄처럼 뜨겁다
사랑의 끝으로 가는 길이
그 길밖에 없었을까
붉은 사랑을 집어삼킨 죄로
죽음의 향기로 남은 꽃
이승과 저승 사이
스물두 개 구멍마다
피었다 지는 마지막 꽃

제2부

마지막 출근

차마 하지 못할 말이어서 그렇게 머뭇, 머뭇거리며
며칠째 당신의 일상이
지는 꽃잎처럼 파르르 떨렸군요
하늘에 구름이 몰려오면 비가 오듯이
세월 예순이 넘어가면 그 말을 준비해야 하는데
당신을 늘 푸른 소나무로만 여겨왔으니
나의 미련함이 죄가 되어
말이 나무가시처럼 목에 걸려 먹먹해집니다

마지막 출근, 이라는
길고도 짧은 그 말이,

크산티페*의 사랑

남편 소크라테스가 다니는 회사
인사발표가 있은 다음 날
크산티페는 새벽부터 바쁘다
희끗희끗해진 소크라테스의 머리카락
검게 염색시켜 감쪽같이 감추고
양복, 와이셔츠, 넥타이, 구두 색깔까지
젊은 색으로 바꿔버렸다
그래도 하루하루 빛을 잃어가는
소크라테스의 눈빛은 바꿀 수 없어
크산티페는 자신에게 화가 난다
하루도 맘 놓고 쉬어보지 못한
소크라테스, 내년이면 이순 둘의 나이
이제 쉬어도 괜찮을 나인데
새로 부임한 사장의 나이가
남편보다 아홉 살이나 적다는 이야기에
한 살이라도 젊게 만들기 위해
잔소리를 멈추지 않는 크산티페의 사랑
대책 없이 사표를 쓸지 모르는

소크라테스 목에 쇠줄을 묶어 출근시키는
크산티페가 자처하는 악처의 길
공부가 끝나지 않은 아들아이의 학비와
마이너스뿐인 통장을 들이밀며
기죽지 말고 살아서 돌아오라 노래하는
소크라테스의 악처 크산티페의 사랑

* 소크라테스의 아내. 악처로 널리 알려짐.

면도기

찌꺼기로 꽉 찬 남편의 면도기
뚜껑을 연다, 아내 몰래
말끔하게 밀어버렸던 남편의 번뇌
내가 읽어보지도 못한 남자의 쓸쓸함이
우르르 쏟아져 나온다,
삼십 년 살 비비고 살면서도 몰랐던
무뚝뚝한 속내의 이면지에는
촘촘히 적어 나간 검은 비망록
고단한 하루하루 낱낱이 기록되어 있다
남편이 밀어버린 아픔 가만가만 털어낸다
스위치를 누르자 윙-하며 돌아가는 칼날
아아, 남편에게 하루의 시작은 칼날과의 싸움
날카로운 칼날 앞에서 한 치도 물러서지 않으며
남편은 자신의 전장에서 싸웠다
공회전하는 남편의 면도기
한껏 모질어졌다

선물

갱년기 우울증으로 한동안 소식 끊겼던 친구, 갑자기 수다쟁이가 되어 첫눈처럼 찾아왔지 뭐예요. 깍쟁이 그 친구 갈빗집에서 밥까지 샀어요. 그 이유가 궁금한데도 그냥 싱글벙글 했지요. 무슨 이유가 있는지 무슨 비법이 있는지 따지듯이 묻자 마지못해 입을 열듯 선물을 받았다고 고백하는 친구. 그 선물이 커다란 다이아몬드인지 값이 오른 부동산인지 몰라 궁금증 들끓는데, 그 뜨거움 단숨에 식히는 친구의 고백. 열흘 전에 첫 손자를 선물 받았어!

사람의 상처는
사람으로 치료된다는 것을
예순에 손자를 선물 받고
할머니란 이름을 선물 받고
단숨에 알아버렸다는 친구.

독상(獨床)

꽃피는 계절이니 꽃에 눈멀었나 보다
봄바람 부는 계절이니 바람에 귀먹었나 보다
우연히 달력의 음력 헤아리다
낯익은 날짜 눈 속으로 들어온다
아뿔싸, 내가 세상으로 나온 날 깜빡 잊었으니
이건 분명 어머니에 대한 나의 죄다
어제 우체부 다녀가고
가끔 일상의 고요를 흔드는 전화벨 울렸지만
어떤 편지 어떤 말씀 없었다
나 태어난 날도 그랬다
가족 모두 집 비운 시간
홀로 나 낳으셨다는 어머니
혼신의 힘으로 꽃 한 송이 피우셨겠다
서러운 눈물로 미역국 끓이셨겠다
내 삶이 오십칠 쪽에서, 박수 받지 못한 채
오십팔 쪽으로 출발해버렸지만
어머니 지난해 보내주셨던 미역으로
늦게 차려 혼자 먹는 생일 밥상, 어머니

어머니 생각하며
꾸역꾸역 다 먹는 독상

효자손傳

행복빌라 103호 세 들어 사는 일흔한 살 이씨 할머니 슬하에 아홉 남매 두었는데 새 아들 입양했다 자랑이다 그 양아들 태어난 곳은 대륙이라 본적은 중국(中國) 이름은 효자(孝子)라 제 몸에 새겼으니

겨울이 오면 혼자 사는 외로움보다 등이 더욱 가려웠던 이씨 할머니 이제 새 아들 효자(孝子)가 등 긁어드린다 하루 24시간 제 어미 곁을 떠나지 않으며 시린 등 사는 외로움 박박 긁어드리니 과연 효자 중의 효자로다

일 년 내내 얼굴 보기가 힘든 아들 며느리 딸 사위 전화통에 대고 사랑한다고 합창하지만 누구 하나 찾아와 등 한 번 긁어준 적 없는 이름도 얼굴도 잘 기억나지 않는 친손 외손들

남편 훌쩍 떠나고 마른 등 뒤에 숨어 살던 서른 해의 가려움 병(炳) 효자의 손에 놀라 달아나버렸다 이씨 할머니 세상으로 아홉 남매 18개의 손을 내보냈지만 그 손들 모

두 어디 숨었는지 보이지 않는 추운 밤

손이 끊어지면 길이 끊어지는 세상에서 메이드 인 차이나의 대나무 손이 이씨 할머니를 봉양한다 그 손에 사람의 피 흐르지 않지만 사람의 손보다 후끈후끈 뜨거운 겨울밤이다

낡은 사랑이 따뜻하다

옷장 안쪽 구석에 오래 걸려 있는 사랑
한참 오래전에 입었던 사랑
눈길 한번 안 주고 밀쳐두었던 사랑
다시 입으려니 유행이 지난 사랑
그렇다고 버리기엔 아까운 사랑
망설이다 입어보니 아직 몸에 맞는 사랑
서로 체온 나누지 못하고 살았지만
여전히 나의 온기를 기억하는 사랑
주머니 속에 달콤한 추억이 들어 있는 사랑
그 추억을 꺼내 사탕처럼 녹여 먹는 사랑
낡은 외투처럼 따뜻한 사랑

세월

화장실 청소 때마다 말 많아지는 여자
두 남자 올려다보며 조심하라고 경고한다
소변 참다 참다
끝내는 화장실 입구부터 바지 내리고도
자기 짓 아니라며 펄펄 뛰던 어린아이는
어느새 청년이 되어 웃기만 한다
아들의 키에 가려 목소리조차 작아져버린 남편
자기 짓 아니라며 슬슬 피해버린다
아뿔싸!
아이는 자랄수록 점점 곧추서 가고
아비는 세월 속에 등 굽어가는 것을
여자는 몰랐다
등 굽어지는 세상 반대편을 향해
다시 세차게 갈기고 싶은 아비의 욕망이
똬리 틀고 있다는 것을

그런 나이

외숙의 장례식에 다녀와
사나흘 앓다 겨우 일어나 앉은 저녁
친구의 부음을 받는다
슬픔에 슬픔이 더해져 눈물마저 말라버리는데
통곡에 통곡이 더해져 목소리마저 갈라져버리는데
남편은 그날 밤 나에게
잊고 살았던 내 나이를 가르쳐주었다
—앞으로는 이런 소식을 자주 받게 될 거야
—우리가 그런 나이잖아
한 번도 생각해본 적 없는 내 나이에
몸서리쳐졌지만
나는 끝까지 늙기 시작했다는
그 말에 동의하지 않았다

꿈 이야기

꿈에 신발 잃어버리면
재수 없다는 말
그 말 꿈속에서도 생각나
얼마나 안절부절 했는지
겨울밤 내내 오들오들 떨며
깜깜한 산길 찾아다녔지만
신발은 끝내 찾지 못했다
맨발로 서서 엉엉 울다가
화들짝 놀라 깨어보니
꿈속에서 잃어버린 그 신발
현관 제자리에 놓여 있다
천만다행이란 게 바로 이런 것
신발 찾아 헤매던 시간을 털고
신발 가지런하게 정리한다
꿈은 꿈일 뿐인데
더는 불안하지 않을 것 같은네
살아오면서 나를 떠난 신발들로
종일 뒤숭숭한 날

슬픈 빈말

새해 첫날, 첫 아침
여든 어머니 화투장으로
한 해 운수 패를 놓는다
아버지 세상 떠나시고
변하지 않는 어머니의 새해 꿈은
이월님을 만나
삼월 벚꽃 아래에서나
팔월 둥근 보름 달밤에
구월 국화주 한 잔 나누고 싶은 것
그러나 번번이
임에게로 가는 날개 한번 달아
훨훨 날아보지도 못한다
삼월 벚꽃 아래
팔월 보름달 아래
누워보지도 못한다
아버지 좋아하셨던 구월 국화주
올해도 자작하시며
—너무 오래 살았어

—빨리 죽어야 하는데
—그 양반 왜 날 데려가지도 않는지
어머니, 새해 꿈으로
화투장 사이 슬쩍슬쩍 끼워 넣는
살아서 슬픈 빈말

찔레꽃

어머니의 여든 해는 찔레꽃
서른 전에 서러운 몸 되었으니
차가운 세상 홀로 사시느라
온몸 가시로 무장하여
금강처럼 단단해지셨다
바람만 스쳐도 터지던 눈물주머니
가시바늘로 꼭꼭 꿰매시어
그 피눈물 모두 받아 모으셨던 어머니
찔레꽃 붉게 피는 남쪽나라 내 고향*
그 노래 한 줄에
여든 해 피운 꽃잎 속절없이 날려버리는
저 찔레꽃

---

* 대중가요 〈찔레꽃〉에서 빌려 씀.

내게서 그리 멀지 않는

어머니는 맨손으로 김치를 버무린다
매운 고춧가루와 마늘 만나도
울 줄 모르는 어머니의 저 손이 슬프다
손 크림 한번 제대로 바르지 못해
눈물 마르듯 바싹 말라버린 어머니의 손이
생강처럼 독한 세월 묵묵히 건너가며
더 독한 김치 속을 버무리는데
나는 내 손을 고무장갑 속에 넣고도
손이 상할까 야금야금 배춧속만 뜯어 먹는다
우물은 꽁꽁 얼고 함박눈은 내리는데
백 포기 배추더미를
혼자서 씻고 혼자서 버무리며
어머니 혼자 김치 담그던 날의 일이다
내게서 그리 멀지 않는 날의 일이다

부부

돌아누운 남편은 겨울 산 같다
먼저 손 내밀어볼까 전전긍긍하면서
나도 밤새 차가운 얼음벽이 된다
꾹 다문 침묵이 얼음송곳 같다
시간이 갈수록 점점 두텁게 얼어붙는 빙벽을
얼음송곳으로 찌르며 오른다
침묵이 결코 금이 될 수 없는 이유를
남편과 등 돌리고 자는 겨울밤에 안다
입 열어 독설이라도 퍼부어준다면
귀 열어 독설이라도 들어준다면
얼음에도 서서히 금 갈 수 있을 것이지만
이번만큼은 무너지지 않겠다는 자세다
화해도 용서도 하지 못한 밤
담 쌓는 것은 허물고자 쌓는 것
그렇게 믿으며 새벽이 오길 기다린다
새벽에는 사람도 부처가 된다 했으니
전생에서 여기까지 건너와 부부가 된 우리
오래된 미래 같은 다음 생도 약속했으니

한 줌 햇살에도 우리 쉽게 무너질 것이다
우리는 한 잔에 담긴 물이니
햇살에 맑은 물로 반짝일 것이니.

그리운 고래

사업실패로 술고래가 된 아버지
바다 같은 어머니의 짠 눈물 속에서
술 마시고 고래고래 노래 불렀다
그것이 아버지의 노래가 아니고
슬픈 고래 울음소린 것을 알았을 때
아버지 회유할 수 없는 바다로 떠나셨다
아버지가 어머니에게 남긴 바다는
가난과 고통의 망망대해, 어머니는
고만고만한 여섯 마리의 새끼고래와 함께
머리에 짐 지고 쉼 없이 떠돌아야 했다
그때 우리를 꿈꾸게 했던 것은
희망봉이 아니라 절망이라는 사해(死海)
그 바다로 돌아가면 돌아오지 않겠다
밤마다 유서 같은 시(詩)를 썼지만
돌아보면 그 깊은 침잠이 나를 키웠다
인생이란 바다를 건너가기 위해
누구든 고래가 되어야 하는 법
그때 아버지가 나에게 가르친 것은

떠나가는 것이 아니라 돌아오는 법
이제 나도 제법 술을 마시는 나이 되어
맑은 술잔 속에서 아버지를 만난다

오래된 형광등처럼

공원 앞 콩국수 집은
언제나 앉을 자리가 없다
날벌레까지 붕붕 날아 만원인 그 집
천장 안쪽에 매달린 형광등
며칠 전부터 깜빡거리더니
슬금슬금 어두워진다
마지막 불빛을 잃어가는
이제는 날벌레조차 찾아들지 않는
저 낡은 형광등 아래서
우리는 콩국수를 먹는다
한때 눈부시도록 환하던 형광등처럼
우리의 삶도 빛났으나
지금은 깜빡, 깜빡거리는 중이리라
마지막 불빛 한 줌이
오래된 등대처럼 돌아갈 바다를 비춘다
콩국수를 먹는 머리 위에서.

제3부

시인의 이빨

사랑니 하나 발치하고
시인이랍시고 쓴 사랑시 한편
의사한테 보여주었다
오늘 또 한 편의 사랑을 뽑아야겠군요
의사는 나머지 사랑니를 뽑기 위해
파르르 떠는 잇몸에 마취 주사 꽂는다
의사는 시인의 사랑을 뽑아내고
시인은 나오지 않는 시를 뽑아내는
그 사이에 시인의 이빨이 있다
사랑에 뿌리 내리고
시에 뿌리 내린
시인의 사랑니가 있다

시의 만찬

세밑에 시인 J선생 문예지 우수작 고료로 백만 원 받았다 시 한 편 값으로는 큰 돈. 늘 하던 대로 그 돈 어디에 보시할까 궁리하다 옳거니, 후배 시인들 따뜻한 겨울나기 하라고 눈 딱 감고 흑염소 한 마리 잡았다 은현리 넘어 산현리에 숨어 있는 착한 밥집 시인의 단골집 손맛 깊고 인심 좋은 맹희네 쉼터 황토방에 소나무 장작불 쩔쩔 끓는 밤에 스물여섯 명의 시인이 모여 시인이 피로 쓴 시의 살과 뼈를 나눠 먹는다 시를 날거로 먹고, 양념 재워 구워도 먹고 마지막엔 뼈를 고아서 곰국으로 마신다 아이 낳고 남편에게서도 받아보지 못한 호사를 선배 시인에게 받아먹으며 나는 자꾸 목이 잠긴다 시인도 산골에서 홀어머니 모시고 엄동설한 얼지 않고 푸르게 견디려면 보일러 탱크에 기름도 채워 넣어야 하고 일주일 한 번씩 다니는 병원비도 만만치 않을 것인데 이건 연말이면 그늘지고 추운 곳을 바라보는 시인의 연중행사다 한 해는 연탄은행에, 한 해는 북한의 어린이를 위해, 한 해는 이웃마을의 어려운 노인을 위해 연말이면 통장에 모아둔 원고료를 탈탈 털어냈다 시가 밥이 되지 않는 씁쓸한 세상이라지만 시인은 한 푼 두 푼 시를 팔아 모았다가 더운밥을 만든다 얻는 손이 있으면 베푸는 손도 있어야 한다고 가르치던 시인, 꽃처럼 사는 것보다 꽃피우는 것이 어려운 세상에서 새벽마다 일어나 쓴 시를 팔아 아낌없이 꽃피우는 시의 만찬, 시인의 성찬

나무부처

나무는 쓰러지지 않으려고
땅을 움켜잡고
나는 넘어지지 않으려고
비탈에 선 나무의 허리 붙잡고
북한산 가파른 중턱 오른다
나무인들 하루도 아프지 않은 날 있으랴
잎 피고 지면서 그 아픔 스스로 깨달아
해안(解顔)으로 가는 길 알았기에
북한산 나무부처는
언제나 웃는 얼굴로 손을 건넨다
긴장한 사람의 손들이 잡았던 열기에
나무부처의 육신 지워져가고
스쳐간 지문에 닳고 또 닳아
저 윤기 나는 부처의 말씀
자신이 가진 것 다 내어주고
육바라밀 뜨거운 몸으로
여섯 자식 낳아 기르신
내 어머니가 그랬다

죽어버린 가지 끝에도
이 봄 새잎 피어 법을 전한다
삶에 지칠 때마다
자신을 때려 늘 새롭게 하던
내 어머니 말씀처럼

문장(文章)의 윤회

내가 쓴 시의 한 구절을
죽은 시인의
낡은 시집 행간에서 발굴했다
놀라 가슴 철렁 내려앉는데
낯익은 문장은 반가운 표정으로
나를 빤히 쳐다본다
만나본 적도 없는 시인의
읽어본 적도 없는 문장이
어떻게 나를 찾아왔는가?
그렇다! 사람만 윤회하는 것 아니다
문장도 윤회하여 되살아나는 것이다
시인이 제 뜨거운 생명 나눠줘
세상으로 풀어놓은 푸른 문장은
스스로 생로병사를 거쳐
다시 살아오는 것이다
생명 있는 것들은
땅에 묻히는 것 아니다
아득히 사라지는 것 아니다

오래된 문장의 고분에서
싱싱하게 살아 있는 문장이
지금 막 출토되고 있다

시의 경제학

시 한 편 순산하려고 온몸 비틀다가
삶던 빨래를 까맣게 태워버렸네요
남편의 속옷 세 벌과 수건 다섯 장을
시 한 편과 바꿔버렸네요
어떤 시인은 시 한 편으로 문학상을 받고
어떤 시인은 꽤 많은 원고료를 받았다는데
나는 시 써서 벌기는커녕
어림잡아 오만 원 이상 날려버렸네요
태워버린 것은 빨래뿐만이 아니라
빨래 삶는 대야까지 새까맣게 태워버려
그걸 닦을 생각에 머릿속이 더 새까맣게 타네요
원고료는 잡지구독으로 대체되는
시인공화국인 대한민국에서
시의 경제는 언제나 마이너스
오늘은 빨래를 태워버렸지만
다음엔 무얼 태워버릴지
속은 속대로 타는데요
혹시 이 시 수록해주고 원고료 대신

남편 속옷 세 벌과 수건 다섯 장 보내줄
착한 사마리언 어디 없나요

장군의 내시경

세종로 사거리 42년째
앉지 못하고 서 있는 이순신 장군
광화문 전광판에 내시경
예약 소식이 떴다
왜란보다 무서운
산성비 내리는 세월
홀로 서서 건너온 몸
외상도 심각하다
장군의 갑옷을 만들 때, 감히
누가 청동 구리를 슬쩍 들어내고
탄피, 놋그릇을 끼워 넣었는지
피부 부식도 심각하다는
진단도 있었다
그런 상처쯤이야 현대의학으로
스테인리스 이식하면 그뿐이지만
수시로 공화국이 바뀌는
속 타는 정치사를 뜬눈으로 보고도
불같은 우국충정의 속은 무사하신지

청동으로 굳어버린 표정 읽을 수 없어
장군의 내시경 결과가
자못 궁금하다

포기한다는 것

사내는 토마토 폭락 소식에
수확을 포기하였다, 그 토마토
제 값의 가벼운 무게에 못 이겨
툭 툭 미련 없이 떨어진다
누가 건들이지 않아도
쩍쩍 갈라져 흐르는 슬픔
사내의 심장에서 쏟아내는
눈물이 흐른다, 토마토는
우주와 수신하며
혼신의 힘으로 꽃 피워 열매 맺었다
온전히 제 것이고 싶었던 꿈이
낙화하면서 터진다
화려한 부활은 이제 늦은 꿈
절망은 늘 예기치 않는 것에서 온다
이제 뜨거운 날의 두근거림은
사내에게도 전설이 되었다
포기한다는 것, 참 아득하고 아프다
아프기에 돌아볼 용기가 없다

포기도 소중한 권리다

사랑이여 용서하라

다시는 돌아보지 않겠다

성탄전야

송내역 앞 전봇대
십 년 넘게 그 자리 지키며
그 몸 그대로
꼼짝 않고 서 있다
영하의 한파에도
단단한 저 몸은
가난한 이웃의 교회다
헤어진 사람을 찾는
일자리를 원하는
지상의 작은 방 한 칸을 구하는
간절한 눈빛들이 모여
예배를 보는 성탄전야
낮에 내린 눈비에 젖어
저 기도문 남루해져 버렸지만
저토록 간절함이 아니었다면
우리 사는 세상엔
어둠밖에 없었을 것이다
하나 둘 불이 꺼지는

네온사인 위로
기다렸다는 듯 찾아오는
별빛을 바라보며
힘차게 외친다
메리 크리스마스!

원봉리 공주

원봉리* 346번지에서
병든 시어머니 모시고
하루 종일 농사짓는 여자
원봉리 공주
언제나 화사한 화장에
딸랑이 귀걸이가
과연 공주지만
공주에게 휴식이란 없다
공주의 영토인 밤하늘에
별이 빛나지만
하늘 한 번 올려다보지 않고
새벽까지 배즙 만드는 여자
억척인 여자
어디 두고 보라지, 내 딸은
시골로 시집보내지 않고
공주처럼 살게 해야지
그 다짐만이
자신을 위로하는 전부인 공주

그 여자 만날 때마다
나는 원봉리 공주라 부르며
예를 갖춘다

---

*충남 반포면.

그림자

— 딸에게

너를 잊어갈 무렵
비밀처럼 숨어 살던 추억이
그림자를 달기 시작한다
바닷가에 서면 바다에
강가에 서면 강물에
제 색깔로 되살아나는 추억의 경계에
그림자가 등불처럼 켜진다
잊는다는 것, 너를 잊는다는 것은
어떤 옷을 갈아입어도
색깔과 향기 변하지 않는 일이라는 것을
비로소 알았다, 이제는
세월이 약이라는 말도 믿지 않는다
오직 길어졌다 짧아졌다
읽을 수 없는 색깔
읽을 수 없는 향기
추억은 평생 따라다니는
내 그림자 같아서
해가 짧아지는 일만 남았다

팔월, 서늘한

여전히 팔월일 뿐인데
서쪽으로 자꾸 눈길 가는 것은
너, 걸어간 길 거기 있기 때문일까
너, 한 번도 내 가슴 떠나본 적 없기에
다시 돌아올 일 없겠지만
나는 지금 네게로 가기 위해
서늘한 팔월 건너는 중이다
입 틀어막은 울음에 피가 끓는다
살아 누리는
지상의 모든 편안함이 미안하다
정말 미안하다, 팔월이면
잃어버린 내 눈 피눈물 고이고
꽃등 들고 찾아와 밝히는
계절풍처럼 물어오는 너의 안부 앞에
팔월이 서늘해진다

대설주의보에 묻다

어제는 대설주의보란 일기예보 들었고
오늘은 가야산 오른다
산은 초입부터 하늘과 땅의 경계를 지우고
울묵줄묵한 세상의 선(線)이 침묵에 들었다
넘어지지 않기 위해 힘 들어간 내 발길이
눈길을 깨웠는가
조용히 피어나 기도하는 눈꽃들이
푸드득 푸드득 새가 되어
땅으로 내려온 하늘로 돌아간다
대설주의보가 발령 중인 가야산 눈 속 깊이
첫발자국을 찍으며 너 묻으러
꽝꽝 묻으러 왔지만 걱정이다
너 묻으러 가는 길마다
너 묻고 돌아오는 길마다
네 이름 푸른 이정표로 서서
빤히 바라보고 있다
다시 눈은 내리는데
나를 단숨에 지울 듯 수북수북 내리는데

하산해도 너 묻고 온 나를 지울 일
걱정이다, 걱정이다

비밀

휴대폰에 저장된 사람 뒤적거리다가
낯익은, 혹은 낯선 얼굴 꺼내본다
가을꽃처럼 뚜렷한 얼굴
추억이 반쯤 남은 얼굴
이목구비가 지워져버린 얼굴
저마다의 바코드를 달고
누르면 나타났다
지우면 사라진다
그러나 저장할 수 없는 사람
지워지지 않는 바코드 있으니
늘 내 심장에 저장했다 꺼내 쓰는
비밀의 문을 여는 호출번호 있으니
그 얼굴 기억하는 일만으로도
나를 지지배배 울리거나
나를 부르르 진동시키는

첫사랑

바다는 무슨 할 말이 있는 것 같았지만
하루 종일 몽돌만 입안에 삼켰다가
뱉어놓을 뿐이다
그때마다 소소한 물보라 일고, 나는
그대로 실에 꿰어
목에 걸어주고 싶었다
그의 돌팔매질에 뜨는 물수제비를
하나도 빠짐없이 세고 있는데
낮달이 먼저 지쳐 서쪽으로 돌아가 버렸다
저녁이면 까닭 없이 서러웠지만
그날은 저무는 것이 도무지 쉽지 않았다

달력 불사(佛事)

올 들어 가장 추운 날 골라
설악산 봉정암서 배달된 달력
눈 쌓인 겨울 산 내려오느라
삼백예순닷 새 꽁꽁 얼었다
묵은해 다 가기도 전에
모두 얼어붙은 새해
가슴에 한참 품었다 펼쳐보니
녹았다 일제히 풀리는
봉정암 사계(四季)가 맑다
봄날의 무량한 햇살과
여름날의 깊고 서늘한 산그늘
가을날의 붉은 화엄과
겨울날 순백의 만다라가
우르르 내게로 쏟아진다
하루하루 다라니경 같은 날들
향기롭게 찾아왔으니
기쁜 날이든 슬픈 날이든
금니사경 하듯 적어 벽에 거니

이런 불사가 있나 싶다
집안에 탑 모신 듯
탑 안에 봉정암 모신 듯
또 한 해가 단단하다
새해가 금강처럼 앉으셨다

고구마는 뜨겁다

사다놓은 지 한참 된
검정 비닐봉지 속 고구마
어둠 속에서 자란
저 푸른 호흡이 눈물겨워
물을 부어 주었더니
고것들 실뿌리 내리고 뒤엉켜
새로운 연애를 즐긴다
사람의 사랑은
한순간의 연주가 끝나면
허깨비 같은 몸뚱이만 남는데
고구마는 마른 사막에서도
뜨거운 몸을 참지 못하고
제 사랑을 밀어 올렸던 거다
자줏빛 지느러미를 달고
공중을 유영하는 사랑은
물길 닿는 곳마다 요란하고
저 뜨거운 간절한 잎을
나는 감히 사랑이라 적는다

제4부

아픈 단맛

썩은 상처 도려내고
사과를 먹어본 사람은 알지
상처 깊을수록 그 맛 달콤한 것을
그 맛 달콤할수록 상처 더욱 깊다는 것을
몸과 몸이 부딪친 자리
마음과 마음이 스친 자리
커다란 울음이 빠져나간 자리에
네 노래가 되기 위해 몸부림쳤던
꼭 그만큼의 눈물만큼
아픈 단맛!

어떤 풍경

재래시장의 파장은
또 한 장의 수묵화가 완성되는 순간이다
종일 펼쳐진 삶의 화선지에
어떤 풍경도 되지 못한 사내는
가난한 보따리를 챙긴다
사내가 팔러 나온 것은
겨우 눈을 뜬 예닐곱 마리 어린 강아지,
그 맑은 눈동자에
봄날 저녁은 찾아오고
사내는 오히려 안도하는 눈빛이다
사내는 애당초, 젖도 떼지 못한 그 녀석들
팔고 싶지 않았는지 모른다
집에서 안절부절못할 어미 개를
생각하고 있었는지 모른다
사내의 자전거 뒤에 강아지들을 싣고
집으로 돌아가는 평화로운 시간
이미 어두워졌으므로
수묵화 속의 오브제가 되지 못했지만

그 그림 속에서 가장 빛나는

풍경이 되었다

아이스크림이 있는 풍경

퇴원한 지 한 달 만에 다시 입원한
보라매병원 42병동, 후두암 수술을 받은
맞은편 병상의 늙은 여자
아이스크림을 먹고 있다
이 시린 표정 감추지 못하며
달콤한 아이스크림을 먹고 있다
나는 '시리다'는 형용사와
'달콤하다'는 형용사가
한 얼굴 위에서 동시에 표현되는
기묘한 연극대사를 읽고 있는 것 같아
몸서리쳐진다, 늙은 여자는
수술이 성공적이었다고 하지만
가족은 이미 장례를 준비하고 있는 것 같다
악몽 같다, 이 꿈이 깨면
늙은 여자도 아이스크림처럼 녹아버릴 것 같다
여자는 벌써 세 개째 아이스크림을
암세포가 번지고 있는 검은 혀로 녹이고
죽음이 혈관에 주사를 꽂고 대신 누워

항생제 링거를 맞는다
삶이 아이스크림 녹는 속도를 따라
죽음 쪽으로 달콤하게 이동하고 있다

놓으려는, 놓지 않으려는

산소 호흡기에 목숨 줄이 매달려 있는
위암 말기의 죽어가는 여자
해독할 수 없는 검은 부호 같은
죽음의 고통이 찾아올 때마다
하루에도 몇 번이나 죽고 싶다
죽여 달라 통곡하는 여자
마취제로 잠시 잠깐 천국을 다녀오지만
주사 눈금이 높아질수록
천국에 머무는 시간은 점점 짧아진다
여자는 향기도 빛깔도 잃어버린 꽃
고통 없이 꽃 지고 싶었지만
살아날 복음도 없이 살아야 하는
죽을 권리도 없이 살아야 하는
여자에게 생은 지옥이다
살아서 지옥에 당도한 여자는
죽음이 천국으로 가는 길이지만
마지막 맥박을 놓으려는
마지막 맥박을 놓지 않으려는

여자의 간절한 호흡이

지옥에서 천국까지 이어진다

다시 연극은 끝나고

살을 헤집는 의사의 메스는 정교하다
필시 간절한 떨림이라도 있을 터인데
마취로 잠이 든 내 눈과 눈두덩은
더 이상 거부가 없다
날카로운 칼날이 지나가는 동안
나는 무섭고 외로웠다, 할 수 있는 일은
주검처럼 반듯이 누워 연기를 하는 일
조명 꺼지고 연극은 끝났다는 의사의 말에도
나는 한참 동안 눈을 뜨지 않았다
눈뜨지 않아도 보이는 무대
눈가엔 붉은 슬픔 흘러내리고
아직 몸으로 들어오지 못한 무채색 절망이
링거 병 속에서 출렁거릴 것이다
내게서 빠져나간 모든 슬픔이 되돌아와
박수칠 시간을 기다릴 것이다
그러나 서른다섯에 나를 떠난
빛나던 눈빛은
이번에도 돌아오지 않았을 것이다

종기

인연이 스친 자리에 돋는 종기
그 지독했던 연애에 피부가 곪고
생살이 허물어진다
이 후진국형 박테리아성 전염성 피부질환이
내 사랑의 몸체였다는 것을
헛된 약속이 남긴 종기를 보며 안다
그냥 터트리면 석 달 열흘
멈추지 않고 쏟아져 나올 것이니
내 속의 너를 말끔히 도려낼 때까지
너를 용서하지 않을 것이니
너의 허언이 누런 고름이 될 때까지
피고름으로 다 터져 나올 때까지
나는 이 악물고 기다릴 것이다

응급실에서

생선가시가 목에 걸려
한밤중 찾은 응급실, 여기!
이승과 저승의 터미널이 있다
연신 몰려오는 승객들로
터미널은 혼돈의 쑥대밭
삶과 죽음의 경계가 쉽게
너무 쉽게 무너진다
떠나는 사람은 남으려고
남은 사람은 다시 일어서려고
신의 방언인 신음소리
사람의 기도인 고함소리 넘쳐나는데
하얀 베드에 뿌려지는 붉은 피는
은유가 아닌 실존의 현장
바벨탑이 우르르 무너지고
레테의 강*이 흐르고
산다는 것과 죽는다는 것의
분주한 시간 속에서
먼 바다에서 헤엄쳐 온

생선뼈 하나가 찌르는

내 생의 두께가

쉽게 찢어지는 종잇장처럼 얇다

---

*망각의 강.

조문의 방정식

어둠과 빛이 악수를 나누며
제 갈 길로 바삐 가는 퇴근길
앞차에 실려 가는 조화(弔花)는
누굴 대신하여 조문을 가는 것인가
꽃이 많을수록 슬픔이 크다는 것인지
꽃이 무거울수록 아픔이 깊다는 것인지
쓰러지지 못하도록
다리 꽁꽁 묶여 실려 가는 저 근조(謹弔)
근조보다 더 긴 이름표가
바람에 춤을 춘다
드러낼 수 없는 울음이 있듯
참아야 하는 눈물도 있는 것인데
망자 앞을 찾아가면서도 춤을 추는
이름값 하는 사람의 높은 자리
조화도 선착순
근조도 자리순
앞자리 좋은 자리를 찾아
신호를 무시하고 달려가는 트럭

죽은 사람 떠나보내는 일이
무엇이 그리 급한 일이냐며
상가에서 밤샘을 하고 돌아온 신호등이
붉은 눈으로 노려본다

나무서리꽃 피다

하늘과 땅의 경계를 묻지 마라
산은, 겨울 산은 제 몸에 그 답 묻고
스스로 꽝꽝 얼어버렸다
비밀을 숨기고 결빙된 문은
백 년을 두드려도 열리지 않을 것이다
열리지 않는 문 앞에서
표정을 감춘 오백나한이
저마다 앉음새의 가부좌를 틀고
고요히 안거 중이다
죄 없는 사람의 눈물이 모여
꽃이 된 저 엄숙한 자세 여기 있으니
누가 오체투지로 사랑 고백한다 해도
산의 어깨 부여잡고 밤새 통곡한다 해도
묵묵부답의 대답이 여기 있으니
한 번쯤, 저리 살고 싶은 생
한 번쯤, 저리 피고 싶은 꽃

세상 모든 소리는 하늘로 올라간다

세상 모든 소리는
하늘로 올라간다
고층아파트에 가보라, 와글와글
하늘로 올라가는 소리 요란하다
땅에서는 들을 수 없는 소리, 소리가
서로 하늘로 가는
초고속 엘리베이터를 타려고
소리 하나하나 목소리를 높이고
끝내는 멱살을 잡고 만다
하늘 제일 높은 곳에 사시는
하늘님, 지상의 소리로 하여
이미 귀가 먹었는지 모른다
소음방지 이중창 새시를 달고
귀 막고 사는지 모른다
그래서 사람의 진실한 기도가
하늘에 접수되지 않는
배달사고가 생기는 것이다

애매한, 사이

봄이라고 하면 봄이고
여름이라고 하면 여름인
그 애매한 사이에
한 사람이 떠났다

친척이라고 하면 친척이고
아니라고 하면 아닌
그런 애매한 사이
고향 아저씨 되는 이의
부음 소식을 전해 들었다

문상을 가야 하면 가고
안 가면 안 가도 되는
가기도 안 가기도
애매한 사이

오후라면 오후일 수 있고
저녁이라면 저녁일 수 있는

애매한 사이로
버스를 타고 가기에도
차를 가져가기에도
애매한 사이가 있다

꽃놀이 와서

나만 슬픔 꾹꾹 참고 사는 줄 알았다
꽃의 슬픔 저리 붉을 줄 몰랐으니까
바람이 없는데 꽃은 왜 지니?
나는 꽃처럼 목숨 다해 울음 참지 못했다
더러 이 악물고 눈물 참은 적은 있지만
온몸 산불로 번지는 상처 앞에
나는 작은 산짐승일 뿐이다
용서하지도 못한 사랑이
꽃으로 피어나며 아우성인 이 봄날
이 환장할 봄날
끝끝내 하지 못한 말
이제는 통째로 삼키고 만다
침묵은 가장 눈부신 언어
나는 침묵의 말로 너를 용서한다
남들은 꽃놀이 왔다 하지만

환승역

인천행 환승하려고 신도림역 내려
계단 내리고 오르다 문득, 계단이
낙지 빨판처럼 내 발에 달라붙는다
아니다, 내 발바닥에 붙어살던 슬픔들
꾸역꾸역 쏟아져 나와 아우성치며
내 발이 계단에 자꾸만 달라붙는다
떨어지지 않는 발 끌고 돌아가는 시간은
먹물같이 깜깜하다, 사는 일이란
기쁨과 슬픔을 끝없이 갈아타는 것을
환승역 계단은 먼저 읽고 있는 것이다
나는 만남의 역에서 작별의 역으로
지금 환승 중이다, 자정 가까운 시간
오늘도 아픈 발 끌고 내일로 환승 중이다
돌아가기에 너무 늦은 시간
손톱에 들인 봉숭아 꽃물도 지워졌는데
한 번도 정다운 적 없는
한 번도 아파본 적 없는
환승역 철길 위로 눈이 내린다

소신공양

멸치국물을 만들기 위해
똥을 발라내는데
우레 같은 울음 까맣다, 새까맣다
멸치 속에서 똥을 발라내는 일은
그리 어려운 일 아니지만
뻣뻣한 주검에서 그 울음 끄집어내는 일은
펑펑 솟구치는 사랑의 핏속에서
자신의 심장을 꺼내는 일이라는 걸
고약처럼 끈적끈적하게 달라붙은 애증을
만져본 사람은 안다
살아서 그의 피는 어땠을까
가는 뼛속에 숨어 있는 울음소리가
간간이 내 손을 깨우치듯 찌르는데
죽어서 멸(滅)이 되는 저 빛나는 성체를
소신공양이라 이름 하기에
배불리 먹고도 다음 끼니에 침 흘리는
사람의 식탐이
미안하다, 너무 미안하다

얼음새꽃 피다

작은 꽃 한 송이 피는 데도
지구 하나를 데우는 열기가 있다
스스로의 뜨거움으로
쌓인 눈 얼어붙은 얼음을 녹여가며
눈 속에서 연꽃이 피듯
얼음새꽃이 핀다
이제 잊혔겠지 싶어 얼음산에 갔는데
기다렸다는 듯이
노란 얼음새꽃이 핀다
영원히 숨길 수 있는 비밀이란 없다
내 속에 그를 꼭꼭 묻었는데
얼음 창고 속에 내 혀를 묻었는데
나를 녹이며 그는 피고
내 혀가 스스로 녹아 고백한다
그가 내 이름 부르기도 전에
내 노란 혀가 먼저 자백한다
눈을 녹이고 얼음을 녹이며
활짝 피는 저 사랑의 화엄!

진화론

늑골에서 떼어낸 연골로
새로 콧대를 만들었다.
늑골이 코로 진화해 오는데
정확하게 세 시간 걸렸다.
나에게 세 시간이라면
시 한 편을 쓸 시간
교통사고로 지워졌던 내 코가
복원됐다. 아니 이건 진화
어둔 내 몸속에서 웅크리고 살았던
늑골의 순한 뼈가 몸 밖으로 나와
콧대를 세우며 살게 된 것은
이건 분명한 진화다. 늑골이 코로
진화해서 처음 맡은 냄새는
제 살의 상처에서 나는 불 냄새
아직 다 지워지지 않은 피의 냄새.
진화론의 이름값 하기 위해
나의 코는 세상의 지저분한 냄새까지
다 맡으며 살아야 할 것이지만

세 시간, 내 코가 복원되는 동안

나의 피눈물도 시(詩)로 진화했다.

금

골목 끝 집의 작은 개
새끼 여섯 마리 낳았다
올망졸망 어린 것들 낳으려고
요 며칠 그렇게 몸조심했나 보다
줄만 풀어놓으면 뛰쳐나가던 개는
목줄 풀어놓아도 움직이지 않았다
새끼에게 젖을 물리고 엉덩이를 핥아주는
개의 모성 눈물겨운데
그 앞에 쪼그리고 앉은
삼 년 전 꽃필 무렵 집 나간 어미의
어린 딸, 저 맑은 눈망울에
착한 눈물이 또르르 맺히는데
마음에 쿵! 하며 금이 간다
—제 새끼 버리는 짐승은 사람밖에 없는겨
다 빠진 이빨 사이로 새어나오는
아이의 늙은 할머니 말이
마음의 금 사이를 비집고
황소바람처럼 들어온다

해설

마지막 사랑 노래

박옥춘 문학평론가

정다혜 시인의 이전 시집 『그 길 위에 네가 있었다』와 『스피노자의 안경』을 읽는 동안 오딜롱 르동의 「키클롭스」가 떠올랐다. 화가는 그리스 신화에 등장하는 외눈박이 거인의 피비린내 나는 사랑 이야기를 재해석하고 있는데 욕망, 질투, 죽음 등 사랑의 어두운 음영은 걷고 슬픔, 안타까움, 바라봄의 정서를 환상적으로 화면에 담고 있다. 괴물 폴리페모스의 외눈은 동정과 슬픔을 담고 있으며, 연인이 사랑했던 연인, 자신이 죽여야 했던 아키스에 대한 애도에까지 이르는 듯하다. 갸웃한 고개와 이마 중앙의 큰 눈, 우묵하게 닫힌 입, 그리고 두드러진 왼쪽 귀. 거인의 왼편(심장?) 환한 꽃덤불 속에 외따로이 있는 연인 갈라테이아. 그리고 그 둘을 갈라놓고 있는 짙은 산등성

이의 대비. 한편 전체적으로 화면을 바라볼 때 거인과 갈라테이아는 같은 피부색으로 한 몸이 되어 있는 것처럼 보인다. 사랑의 영원한 갈망인 대상과의 일치를 환상 속에서 성취하고 있는 것일까.

첫 시집 『그 길 위에 네가 있었다』는 죽음을 겪고 난 후 찾아온 연시(戀詩) 모음집이라 할 수 있다. 두 죽음—딸의 죽음과, 눈[目]의 죽음—이후 시인은 두 개의 파열을 경험한다. "몸 찢고 빠져나온 핏빛/붉은 것들은 종당/떨어져 눕나니/무서운 약속이여//내 할 말도/다 가져가 버린"(「그 길 위에 네가 있었다」) 딸의 죽음은 존재를 허무는 슬픔의 파열이다. 한 눈을 잃는 고통까지 합세해 존재를 뒤흔들 때 시가 찾아온다. 부재와 상실, 결핍의 자리에 찾아온 시는 "내 영혼을 사로잡아/꿈에도 예감하지 못했던/가슴, 가슴을 깨우는 기쁜 파열"(「사랑은」)이다. 죽음과 사랑, 고통과 희열의 강렬한 체험은 다스려질 사이 없이 시로 쏟아진다. 어슷비슷한 사랑과 그리움의 시어들이 넘쳐나는데 '사랑을 잃고 쓰는' '첫'의 들렘 현상이리라.

핏빛 고통이 '빠져나간 자리'에 슬픔의 씨앗들이 발아한다. 『스피노자의 안경』은 피에서 녹물, 맑은 물로 나아가는("갇혔던 슬픔이 다 쏟아져 나온 뒤/맑은 노래는 찾아올 것이다"—「고백」) 연단과 수용의 과정이며 '견딤'과 '단단함'의 언급(「門」, 「이슬」, 「단단한 슬픔」, 「聖 나무」, 「이별」)이 눈에

띈다. 시인은 자신의 삶을 두 개의 비밀을 가진 자(「비밀」)로 축약하고 있는데 '비밀'은 첫 시집에서 '파열'로 명명한 두 사건이다. 사건의 충격은 조금 누어지고 개인의 내밀한 신비인 '비밀'이 된다. 가장 소중한 것의 상실과 함께 찾아온 시는 분신의 대체이며 위무며 대속이다. "외눈의 절망은 두 눈으로 보는 세상/한 눈으로 보아야 하는 것/외눈의 축복은 두 눈으로 보는 세상/한 눈으로도 볼 수 있다는 것/지구가 한 눈으로 우주를 다 보듯이/나는 외눈으로 나의 우주를 보았다".(「외눈」) 한 눈의 절망을 남은 한 눈의 축복으로 극복하면서 시인의 시 살림은 구체적 면모를 갖춰나간다. 사소한 것의 소중함을 찾아가며 삶 전반에 관한 사유의 흔적들이 보인다.

고백과 기도의

『마지막 출근』은 시인의 '마지막 사랑 노래'다. "내 전부를 꺼내어/당신의 품속으로 스며들고픈/마지막 사랑 노래"(「고백」)는 가눌 수 없이 절실하며 촉박하다. 1, 2시집과 마찬가지로 사랑의 테마가 전반적이며 특히 '마지막 사랑'에 대한 언급에 초점이 모아진다. 이때의 '마지막'은 종료가 아니라 종합의, 열매의, 긴박한 열중과 몰입으로서의 지점을 말한다. '첫'이 시간의 맨 앞이 아니라 개시를 의미하는 것처럼 '마지막'은 절정으로서의 현재다. 삶과 죽음이 그러한 것처럼 사랑에 있어서도 '첫'과 '마지막'은 수동성으로서의 절대적 위의를 가진다. 따라서 시인의 마지막 사랑은 시간의 자연적 수순에 따른 종착지가 아니라 예기치 못한 사랑의 민낯이다. 망각의 물살에 떠밀려지지 않는, 그 물살에 의해 추궁되어지는, 다시 새롭게 살아지는 그런 사랑.

네가 돌아오기 전에
예감해야 했다
마침내 울음자루 툭 터져
한 생 분량의 눈물 다 쏟아지고
그 끝으로 핏물 배인 눈이 온다
이제 감출 수 없다
털어놓을 수밖에 없다
불쑥 심장에서 꺼내 보이는 고백에
나는 속수무책일 뿐인데
비바체의 속도로 무섭게 쏟아 붓는 눈이여
너도 아직 못다 한 고백 남았느냐
사무치게 그리운 것들은
어찌하여 온몸으로 무너져야 하는지
눈 속에 산 그림자가 묻혀 울고 있다

눈 속에 푸른 강물 소리가 묻혀 울고 있다
눈 속에 묻힌 내 무심한 세월 위로
폭설이 퍼붓는다

—「네가 돌아오기 전에—폭설」 전문

비밀을 가진 자는 그것을 은폐하고자 하는 욕망과 발설하고자 하는 욕망 사이에 있다. 비밀은 나서 자라고 죽는 생명체와 같아서 제 부피를 견디지 못하고 터지지 않는 한 스스로 소멸하지 않는다. 비밀은 은폐하고자 할수록 긴장이 극에 치달아 폭로될 수밖에 없는 생리를 가진다. "영원히 숨길 수 있는 비밀이란 없다/내 속에 그를 꼭꼭 묻었는데/얼음 창고 속에 내 혀를 묻었는데/나를 녹이며 그는 피고/내 혀가 스스로 녹아 고백한다".(「얼음새꽃 피다」) '숨기다', '묻다'에 내장된 고통의 압력이 시라는 탈출구를 만나 '녹이다' '피다' '고백하다'에 이른다. 얼음, 눈, 폭설, 서리의 이미지는 비밀에 가둠과 동시에 갇힘, 그 생생함과 불시성을 말한다. 또 투명하고 정결하게 결정(結晶)화 하고 싶은 비밀인 것이다. 두 개의 비밀이 '속수무책'으로 우리 앞에 퍼붓는다.

비밀의 자기 발설이 고백인데, 시인은 마지막 사랑 노래를 고백과 기도의 형식을 통해서 우리에게 전달하고 있다. 고백과 기도는 대화의 근원적 형태로 인류 최초에는

신을 향한 목소리였을 것이다. 시인의 고백의 대상은 누구인가. 현시적으로 독자를 꼽을 수 있지만 의미상 거울로서의 자기 자신, 절대자, 특정한 대상(시를 포함한)까지 확대될 수 있다. 비밀의 내용과 수신 대상에 따라 고백의 의미가 달라지는데 사랑의 확인, 참회와 청산, 대속, 망각, 정정, 자기 이해다. 무엇보다 자기 치유(talking cure)가 고백의 가장 큰 미덕이겠는데 '묻혀 울고 있'는 비밀이 언어를 통해 발화될 때 치유의 길이 열리는 것이다. 시인은 처참했던 최초의 순간을 괴로울 정도로 반복하는데 그것은 최초의 시간과 장소에 회귀함으로써 그 사건을 부인하려는 한편 그 고통을 현재화함으로써 자기 징벌과 망각의 죄의식으로부터의 안도, 사랑의 확인을 반복하는 것이다. '못다 한 고백'이 끝나지 않을 시의 실마리일 것이며, 고백의 파장은 '그리운 것들'에 대한 사랑으로 확산되어 간다. '무심한 세월'을 채근하며, 책망하며 사랑은 넓고 깊어진다. "삶이란 상처에서 피는 꽃이어서/흉터 위로 남는 노래가/진짜 시(詩)려니".(「기도」)

슬픔을 사랑하다

시인은 두 죽음과 함께 두 시간을 살아간다. 멈춰진 시간의 삶이 일상의 삶을 지배하는 것처럼 보인다. 정지된 시간 앞에서 낡거나 잊히는 것은 없다. 슬픔의 장막은 사랑의 대상을 생생하게 살아 있게 한다. 부재와 상실에 수반하는 정서가 슬픔이었으나 시간이 흐름에 따라 슬픔이 주어(主語)가 된다. 슬픔은 "평생 따라다니는/내 그림자 같아서"(「그림자」) "잃어버린 내 눈 피눈물 고이고"(「팔월, 서늘한」), "뻣뻣한 주검에서 그 울음 끄집어내는 일은/펑펑 솟구치는 사랑의 핏속에서/자신의 심장을 꺼내는 일"(「소신공양」)이다. 슬픔이 장악하는, 슬픔을 양육하고 슬픔이 관장하는 삶이다. "오래 입 다문 슬픔"(「봄의 밀어」), "한 생(生)의 눈물"(「봄 편지」), "물꼬 터져버린 슬픔"(「고백」) 등 슬픔이 마치 삶의 동력이라도 되는 양 슬픔을 부르고 가까이 하며 안타까이 쓰다듬는다. "붉은 슬픔 흘러내리고…… 내게서 빠져나간 모든 슬픔이 되돌아와"(「다시 연극은 끝나고」) 시인의 체액이 되었을까.

슬픔을 보면 식욕이 솟구쳐요
왕성한 식욕으로 당신을 송두리째
단숨에 먹어치워 버리고 싶어요
……
당신을 향한 내 사랑은
쉬지 않고 당신의 전부를 먹어치우는 일

—「진공청소기」 부분

「진공청소기」는 시인의 '슬픔 욕망'을 잘 보여준다. 흥미로운 것은 『스피노자의 안경』에 실렸던 「점」("점을 보면 사마귀가 되고 싶다/사마귀 되어 그의 손등에 올라앉아/아삭아삭 점을 갉아먹고 싶다")과 구조, 정서의 수위 면에서 매우 흡사하다는 것이다. 슬픔과 '점'이 동일하게 시인의 욕망을 부추기며 슬픔을 향한 식욕, 즉 슬픔이 사랑의 대상이 되어 있다. '점'과 슬픔이 만나는 지점에서 어떤 사랑이 비롯되었을까. 시인의 슬픔의 몰입으로 인해 눈물, 아픔, 그리움, 고통의 씨앗들이 슬픔으로 발아하며 마치 슬픔 자체를 사랑하는 것처럼 보인다. "죄 없는 사람의 눈물이 모여/꽃이 된 저 엄숙한 자세 여기 있으니" "묵묵부답의 대답이 여기 있으니"(「나무서리꽃 피다」)…… 모든 현상에서 슬픔이 핀다. 슬픔을 살고 슬픔을 사랑하고 슬픔을 고백한다. 쉬지 않고 슬픔의 전부를 쓴다.

썩은 상처 도려내고
사과를 먹어본 사람은 알지
상처 깊을수록 그 맛 달콤한 것을
그 맛 달콤할수록 상처 더욱 깊다는 것을
몸과 몸이 부딪친 자리
마음과 마음이 스친 자리
커다란 울음이 빠져나간 자리에

네 노래가 되기 위해 몸부림쳤던

꼭 그만큼의 눈물만큼

아픈 단맛!

—「아픈 단맛」 전문

때로 슬픔은 강렬하게 자아를 사로잡기도 하지만 때때로 슬픔은 숙성과정을 거쳐 농익은 단맛으로 삶을 위무하기도 한다. "천천히, 아주 천천히/상처에서 슬픔이 되고, 슬픔에서 추억이 될 것이다".(「다행이다, 참 다행이다」, 『스피노자의 안경』) 슬픔이 추억이 된다고 그 빛이 엷어지겠는가. 단지 슬픔 자체에 내장된 정화작용이 슬픔을 다스린다고 믿고 싶다. 또 슬픔은 눈을 흐리게 하지만 어떤 슬픔은 깊이 사색하게 한다. 삶에서 얻어지는 많은 교훈과 지혜가 슬픔의 동굴에서 태동하는 것이다. 삶의 이율배반적인 열매가 누구에게나 주어지는 것은 아니다. '삶이란 상처에서 피는 꽃'임을 아는 자만이 "상처 깊을수록 그 맛 달콤한 것"을 몸소 느낄 수 있다. 몸과 마음을 닫아걸지 않고 부대끼는 자의 것이다.

슬픔은 불의 혀처럼 시인을 연단하기도 한다. 슬픔을 벼려서 "금강처럼 단단해"(「찔레꽃」)진 어머니의 삶처럼. 돌아보니 "눈물주머니/가시바늘로 꼭꼭 꿰매시어/그 피눈물 모두 받아 모으셨던" 어머니의 세상살이가 시인의 고통 못지않았음을 알겠다. '금강'의 비유는 앞서의 용법처럼 견딤, 굳셈, 보호벽과 같은 긍정적 이미지뿐 아니라 앞으로 살아내야 하는 시련과 과제("또 한 해가 단단하다/새해가 금강처럼 앉으셨다"—「달력 불사(佛事)」)를 의미한다. 이처럼 시인이 사용하는 많은 비유가 상반적이거나 다의적으로 쓰이곤 한다. 무엇보다 시인이 슬픔을 사랑할 수밖에 없는 이유는 시와의 만남에 있다. 슬픔의 자리, 슬픔이 빠져나간 자리에 시가 찾아왔기 때문이다. 채 가시지 않은 '불 냄새' '피의 냄새' 위에 "나의 피눈물도 시(詩)로 진화했다".(「진화론」)

사랑을 사랑하다

시인이 가진 두 개의 비밀 중 슬픔에 속한 것이 하나요, 나머지 하나는 사랑에 속한 것이다. 슬픔 욕망이 삶 전반을 지배하는 것만큼 사랑 욕망도 존재를 지배하는 강력한 힘이다. 사랑은 죽음같이 강하다!(아가8:6)는 말이 시인에게는 '슬픔은 죽음같이 강하다', '사랑은 슬픔같이 강하다'는 말과 같다. 따라서 슬픔과 사랑은 삶을 지탱케 하는 힘인 동시에 삶 자체가 된다. 시인이 좇는 사랑의 길은 온기(溫氣)의 사랑과 화기(火氣)의 사랑이다. 희미한 기척에 민감한 온기의 사랑은 이미 첫 시집의 「불면(不眠)」에서 보여준 바 있다. 들꽃 한 다발을 사들고 와 "달빛과 가을벌레 소리 그리울까봐" 창문을 조금 열어놓는 행위는 자신의 내면뿐 아니라 이웃한 사소한 것에까지 관심을 기울이는 일이다.

폭발하듯 이전과 이후를 가르는, '첫'이면서 '마지막'인 사랑. 죽음에 밀착한, 아니 죽음 자체인 사랑, 죽음으로 얼어붙어, 영원한 사랑. 그 사랑이 시(詩)에 옮겨와 이어진다. "시인이 제 뜨거운 생명 나눠줘/세상으로 풀어놓은 푸른 문장"(「문장(文章)의 윤회」)에서 우리는 "사랑에 뿌리 내리고/시에 뿌리 내린"(「시인의 이빨」) 고백을 듣는다. 그런데 시인의 사랑 노래에는 강한 두려움이 내재해 있다. 사라짐에 대한, 망각에 대한 두려움이 삶—욕동으로 충만한 열기의 사랑을 얼어붙게 한다. "꽃피우는 것도 사랑이고……지는 것도 사랑이"(「깊이를 뽑아내다」)라는 수락에도 불구하고 두려움은 지속적으로 시인을 지배한다. '이승과 저승'(「연탄 꽃」)의 나뉨이 과거의 두려움이었다면 현재의 두려움은 기억과 망각 사이에 있다. '빠져나간 자리'의 무수한 복기와 사라지다, 떨어지다, 끊어지다, 뽑아내다 등과 같은 단절과 소거를 의미하는 서술어는 망각의 두려움이 얼마나 심각한지 보여준다. 반면 망각에 저항하여 기억하고자 하는 의지가 곳곳에서 '새기다'(刻印)의 형태로 표현된다. 사랑하는 사람과 사랑하는 사람을 앗아간 사건

(시간)이 따로 분리되어 각각 기억과 망각의 욕망이 투사된다. 그러나 그러한 분리는 불가능하기에 '놓으려는, 놓지 않으려는' 묻기(잊기)와 기억하기는 혼란을 초래하면서 어느덧 존재의 그림자(「그림자」)가 되어 있다.

작은 꽃 한 송이 피는 데도
지구 하나를 데우는 열기가 있다
스스로의 뜨거움으로
쌓인 눈 얼어붙은 얼음을 녹여가며
눈 속에서 연꽃이 피듯
얼음새꽃이 핀다
이제 잊혔겠지 싶어 얼음산에 갔는데
기다렸다는 듯이
노란 얼음새꽃이 핀다
영원히 숨길 수 있는 비밀이란 없다
내 속에 그를 꼭꼭 묻었는데
얼음 창고 속에 내 혀를 묻었는데
나를 녹이며 그는 피고
내 혀가 스스로 녹아 고백한다
그가 내 이름 부르기도 전에
내 노란 혀가 먼저 자백한다
눈을 녹이고 얼음을 녹이며

활짝 피는 저 사랑의 화엄!

—「얼음새꽃 피다」 전문

꽃 한 송이와 지구를 같은 무게로 놓을 수 있는 게 사랑이다. '작은' 꽃 한 송이와 지구를 동격화 하는 '하나'라는 표현은 '열기'의 과도함을 드러낸다. 얼음새꽃이 주는 강렬한 인상은 시인을 사로잡는 데 꽁꽁 언 눈밭에서 꽃을 피우는 생태와 '얼음새꽃'이라는 별칭은 단번에 투사와 동일시가 일어나게 한다. 시인에게 닥쳤던 삶의 고초를 비추어볼 때 '얼음새+꽃'('나무서리꽃'처럼)의 조합은 얼마나 매혹적인 이미지인가. 눈, 얼음, 얼음산, 얼음 창고와 연꽃, 얼음새꽃의 극렬한 대비. 무너지듯 "영원히 숨길 수 있는 비밀이란 없다"는 고백이 흘러나온다. 천형의 장소, 비밀의 장소, 망각의 장소에서 꽃이 핀다. "나를 녹이며 그는 피고/내 혀가 스스로 녹아 고백한다/그가 내 이름 부르기도 전에/내 노란 혀가 먼저 자백한다". 꽃은 사랑하는 딸이었다가 비밀이었다가 내(내 노란 혀)가 된다. 사랑의 열기가 녹여내는, 주형하는 능력이라니. '스스로의 뜨거움'은 "나는 천형(天刑)의 수인(囚人)"(「울컥, 참 그리운」)임을 고백하게 한다. 사랑에 매인 시인은 사방에서 "사랑의 화엄"을 본다. 자연과 인간, 사물 전반에 걸쳐 사랑은 안부와 편지, 대답으로 돌아오고 있다. 시는 비밀에 대한 대답으로 영원히 돌아오는 중이다.

낡은 사랑이 따뜻하다

시인이 말하는 '낡은 사랑'은 '온기(溫氣)의 사랑'이다. 오래 걸려 있는 사랑, 오래전에 입었던 사랑, 밀쳐두었던 사랑, 유행이 지난 사랑, 버리기엔 아까운 사랑, 아직 몸에 맞는 사랑, 온기를 기억하는 사랑, 추억이 들어 있는 사랑, 따뜻한 사랑—.(「낡은 사랑이 따뜻하다」) 오래된 사랑은 새롭지 않고 덤덤하다. 그러나 세월이 흐름에 따라 온기의 사랑이 가진 미덕을 깨달아간다. 강렬하지는 않지만 지속적이며 추억을 공유하는 사랑, '앗기는' 사랑이 아니라 '아끼는' 사랑. 이번 시집의 성과는 '낡은 사랑'의 발견에 있으며 2부의 대부분의 시에서 확인할 수 있다. '화기의 사랑'이 일정한 문형과 이미지에 갇혀 있는 것에 비해 '온기의 사랑'은 구체적 이야기로 생동감 있다. 가족과 친구, 이웃을 지켜보면서 소소한 일상의 의미를 깨닫는다. 특별하지 않은 풍경(「원봉리 공주」, 「어떤 풍경」, 「금」)에도 마음을 실어 "예를 갖춘다".

"사람의 상처는/사람으로 치료된다"(「선물」)는 친구의 이야기를 통해 자신의 마음을 전하고 싶었을까. 2부의 시는 가족, 특히 남편과 어머니에 대해 할애하고 있는데,

'낡은 사랑'에 대해 새삼 기꺼운 마음이다. 가족이 아닌 인간 대 인간으로서 진정한 이해에 도달했음을 보여준다. 희생과 인고로 점철된 어머니의 삶이 찔레꽃으로 피어나는가 하면, 어머니에게 미안한 마음을 독상(獨床)으로 차려낸다. 남편에 대한 마음이 각별한 것은 가장 고통스러운 순간을 함께 견뎠기 때문이리라. 간혹 애증의 복잡한 심리에도 불구하고 운명공동체 인식이 절실하다. "우리는 한잔에 담긴 물이니/햇살에 맑은 물로 반짝일 것이니".(「부부」) 앞서 본 눈, 서리, 얼음이 아니라 '맑은 물'의 비유가 의미심장하다.

사업실패로 술고래가 된 아버지
바다 같은 어머니의 짠 눈물 속에서
술 마시고 고래고래 노래 불렀다
그것이 아버지의 노래가 아니고
슬픈 고래 울음소린 것을 알았을 때
아버지 회유할 수 없는 바다로 떠나셨다
아버지가 어머니에게 남긴 바다는
가난과 고통의 망망대해, 어머니는
고만고만한 여섯 마리의 새끼고래와 함께
머리에 짐 지고 쉼 없이 떠돌아야 했다
그때 우리를 꿈꾸게 했던 것은

희망봉이 아니라 절망이라는 사해(死海)
그 바다로 돌아가면 돌아오지 않겠다
밤마다 유서 같은 시(詩)를 썼지만
돌아보면 그 깊은 침잠이 나를 키웠다
인생이란 바다를 건너가기 위해
누구든 고래가 되어야 하는 법
그때 아버지가 나에게 가르친 것은
떠나가는 것이 아니라 돌아오는 법
이제 나도 제법 술을 마시는 나이 되어
맑은 술잔 속에서 아버지를 만난다

—「그리운 고래」 전문

'슬픔이 빠져나간 자리' '사랑이 빠져나간 자리'에 낡은 사랑이 고요하게 들어찬다. 이해라는 사랑의 열매가 아버지와의 관계에서도 맺기 시작한다. 아버지는 "다 토해내지 못한 내 속의 언어"(「시인의 말」) 중 가장 오래되고 구석진 곳에 감춰진 상처. 1~3행까지는 오랫동안 아버지와 풀지 못한 매듭을 설명한다. 눈물, 가난, 고통, 짐, 절망이라는 비극적 세계만을 유산으로 남긴 아버지. '술고래' '고래고래 노래'라는 표현에 가족들이 겪어야 했던 고통과 미움이 들어 있다. 그런데 신기하게도 이해라는 마음의 작용(분명 시라는 언어 작업을 통해)이 일어나면서 희화적 비유 '술고래'가 '고래'로 환언된다. 그에 따라 아버지의 술주정은 "슬픈 고래 울음소리"가 되고 "절망이라는 사해(死海)"는 "인생이란 바다"로 가치전도 된다. 늦은 화해는 "떠나가는 것이 아니라 돌아오는 법"을 가르치며, 이지러진 추억을 고쳐 보게 하는 것이다. 1행의 '술고래'와 마지막 행의 '맑은 술잔'의 만남은 슬몃 웃음을 준다.

새해 첫날, 첫 아침
여든 어머니 화투장으로
한 해 운수 패를 놓는다
아버지 세상 떠나시고
변하지 않는 어머니의 새해 꿈은
이월님을 만나
삼월 벚꽃 아래에서나
팔월 둥근 보름 달밤에
구월 국화주 한 잔 나누고 싶은 것
그러나 번번이
임에게로 가는 날개 한번 달아
훨훨 날아보지도 못한다
삼월 벚꽃 아래
팔월 보름달 아래
누워보지도 못한다

아버지 좋아하셨던 구월 국화주
올해도 자작하시며
—너무 오래 살았어
—빨리 죽어야 하는데
—그 양반 왜 날 데려가지도 않는지
어머니, 새해 꿈으로
화투장 사이 슬쩍슬쩍 끼워 넣는
살아서 슬픈 빈말

—「슬픈 빈말」 전문

「슬픈 빈말」에는 뛰어난 비유나 경구가 없음에도 불구하고 애잔한 감동이 있다. 어머니의 꿈과 현실이 화투장 위에서 오가는데, 이를 지켜보는 시인이 언어로 풀어쓰고 있다. "화투장 사이 슬쩍슬쩍 끼워 넣는" 어머니의 입말이 민망하리만치 그대로 옮겨 있다. 마지막 행의 "살아서 슬픈 빈말"이 아릿한 여운을 남긴다. '꿈'과 '빈말'의 미묘한 조화. 빈말에 담긴 다른 파장의 꿈의 언어들.

이같이 정다혜 시인의 '마지막 사랑 노래'는 고백으로 시작해 빈말에 이르는 긴 여정을 담고 있다. 앞으로 이 '빈말'의 다양한 파장이 어떤 시의 몸을 입을지 궁금해진다.

이 도서의 국립중앙도서관 출판시도서목록(CIP)은 서지정보유통지원시스템 홈페이지(http://seoji.nl.go.kr)와 국가자료공동목록시스템(http://www.nl.go.kr/kolisnet)에서 이용하실 수 있습니다.(CIP제어번호: CIP2014029882)

문학의전당 시인선 188

마지막 출근

초판 1쇄 인쇄 2014년 11월 21일
초판 1쇄 발행 2014년 11월 28일
지은이 정다혜
펴낸이 김석봉
책임편집 이현호
디자인 조동욱
펴낸곳 문학의전당
출판등록 제311-2012-000043호
주소 서울시 은평구 연서로11길 7-5 401호
편집실 서울시 마포구 마포대로 127, 413호(공덕동, 풍림VIP빌딩)
전화 02-852-1977
팩스 02-852-1978
블로그 http://blog.naver.com/mhjd2003
전자우편 sbpoem@naver.com

ISBN 978-89-98096-98-4 03810

* 이 사업은 세종특별자치시, 한국문화예술위원회에서 사업비 일부를 지원받아 제작되었습니다.